LIGUE DE L'ESPRIT NOUVE

CE QUI ARRIVERA

SOLUTION DE LA RÉVOLUTION DE 89

1er Fascicule.   Prix : 20 cent.

« . . . . . Katkof était surtout frappé de l'unité de notre
« esprit national, de notre fidélité à notre Alsace et à notre
« Lorraine, de nos sacrifices jamais marchandés pour la défense
« de la Patrie et pour la revendication de tous nos droits.

« Aussi, de ces courants patriotiques, si intenses chez nous,
« *naissaient* toujours selon lui, et toujours *à l'heure voulue*, les
« *serviteurs* utiles ou nécessaires de nos intérêts nationaux.

« Nous avions ainsi trouvé jadis le Patriote *Gambetta* pour
« nous rallier; ainsi trouvons-nous aujourd'hui, pour nous
« entraîner, LE GÉNÉRAL BOULANGER..... »

(Conversation entre Deroulède et Katkof, lors de son passage en Russie.)

EN VENTE CHEZ M. BEAUDELOT

9, PLACE DES VOSGES, 9

PARIS

1887

PARIS. — TYPOGRAPHIE A.-M. BEAUDELOT

9, PLACE DES VOSGES, 9

ACTUALITÉ

La tourmente, que suscite l'évolution de l'esprit nouveau, gronde du Nord à l'Ouest, de l'Europe à l'Amérique.

Le désarroi des idées et des partis est grand, surtout depuis l'ouverture de la fausse voie, où s'est laissé entraîner une fraction de la majorité républicaine ; le danger devient chaque jour plus grave, et il ne saurait être conjuré par de simples palliatifs.

Le spectacle persistant des divergences de croyances et de principes ; les haines croissantes entre les classes et les partis ; l'égoïsme des parvenus ; l'opportunisme des satisfaits ; la désespérance des déshérités ; les dangers de la réaction ; les menaces de l'Allemagne ; l'écœurant affolement des républicains *anti-boulangistes* ; le ridicule que l'on s'efforce de jeter sur les patriotes et les vaillants, tout est arrivé à un tel point d'intensité, que si cela devait continuer, l'on finirait par *douter de tout*, des principes comme des hommes.

Bientôt, la sagesse consisterait à rester indifférent à tout ce qui ne touche pas aux intérêts immédiats de la lutte pour la vie.

Malheur à une société où *le ventre étouffe le cœur !* C'est le signe infaillible de la décadence...

Il est temps de réagir contre ce dangereux courant.

Par lassitude d'attente, il y a tendance à se désintéresser de la politique ; comme, par contradiction dans les faits et les principes, l'on est désintéressé de la religion.

Mais, malgré tout, nous *subissons* la question sociale, laquelle est *née de l'insuffisance* de notre foi dans la certitude des peines et des douleurs, résultat fatal de l'oubli de la morale !

« Tout mal revient en malheur, par la loi des choses en retour. »

La question sociale est donc le châtiment brutal, aveugle, qui se lève à l'horizon politique de tous les peuples civilisés. Cette question s'agrandit, monte et s'étend comme un nouveau déluge, prête, si on ne la résout pas, à tout détruire, à tout renverser, à tout engloutir, pour tout transformer !

La révolution étant plus *morale* que politique, il s'ensuit que personne ne peut s'en *désintéresser.*

Elle a eu pour précurseurs nos penseurs du siècle dernier ; elle possède deux moyens infaillibles pour s'imposer : la force brutale du *nombre qui souffre ;* la force intellectuelle et morale du *nombre qui pense !* Ses premières victoires sont dues à la force brutale et à la violence... ses forces intellectuelles et morales sont restées *obscures*, en conséquence *impuissantes à forcer*, par le manque de certitude dans l'existence d'une loi naturelle de justice inéluctable, les heureux de cette terre à s'intéresser au sort des déshérités....

La démocratie n'a pas encore compris qu'elle était *tenue*, pour triompher du vieux monde autoritaire, de considérer ses principes de Liberté et d'Égalité, de Justice et de Progrès, comme les seules lois morales sur laquelle repose l'ordre de la nature universelle.

Il est évident que la solution de la question sociale se résume dans la *Fraternité*, et que, dans la société actuelle, c'est l'égoïsme, l'intérêt personnel qui prédomine partout. Dans ces conditions, où est la *force morale* qui doit amener les puissants à *s'intéresser* au sort des faibles ?

Quel est *l'enseignement* qui doit forcer *les déshérités* à respecter les prérogatives dont jouissent les êtres, qui occupent les degrés supérieurs de la hiérarchie sociale ? Il n'existe rien ; il n'y a même aucune tentative de faite.

Ne voyons-nous pas sous la République, comme sous la Monarchie, l'antagonisme des sectes, des castes et des classes créer haines et représailles sans fin ?

Et comme il est établi que la réciprocité est une loi élémentaire de justice naturelle, comment la démocratie peut-elle espérer voir s'implanter la paix, la concorde et la fraternité, dans une société où *chaque classe* de la hiérarchie sociale *ne compte* que sur la force brutale, que sur la violence pour triompher et établir sa loi et son règne ?

La durée d'une victoire dépend *du lien qui unit dans un même idéal* la puissance triomphante. Jusqu'à présent, nous avons vu le *nombre* qui souffre manquer de cohésion dans ses moyens de rénovation ; c'est pourquoi il n'a jamais pu coucher que quelques jours sur ses positions conquises, et qu'il a toujours fini par être désillusionnné, trompé, bâillonné, écrasé!

Cependant, à chaque victoire du peuple, le vieux monde autoritaire a perdu quelques privilèges. La plus grande conquête du peuple français a été le suffrage universel ; mais il est, et il restera impuissant, à constituer le règne de la démocratie, tant que les intérêts des différentes classes dont se compose la hiérarchie sociale ne seront pas représentés par une force équivalente à celle du nombre des intéressés.

Pour amener le règne de la paix et de la concorde dans la société actuelle, il faut qu'il y ait *certitude de justice pour tous !*

Et pour qu'il y ait *justice pour tous*, étant donnée la loi qui impose fatalement *une gradation* dans les conditions de la vie, sous forme de hiérarchie sociale, il faut absolument qu'il y ait *persistance du moi* !

Il faut que l'homme ait la *certitude* qu'il existe

pour tous une vie *ultra-terrestre* lui ouvrant les voies ascendantes de la hiérarchie vitale.

Sans cette certitude, nos principes de liberté, d'égalité, de justice et de progrès ne sont que des leurres ; nos aspirations les plus élevées ne sont, en réalité, qu'une surélévation de notre imagination.

Si la vie terrestre était la limite de l'évolution humaine, l'inégalité des conditions vitales et sociales, et des destinées serait immorale et injuste, puisqu'elle ne se justifierait que par le hasard et la fatalité.

Aujourd'hui, la démocratie en est encore *réduite* à considérer les inégalités inhérentes à la vie sociale, comme le fait du hasard et de la fatalité ; et les opportunistes s'étonnent que le peuple qui souffre, en face du peuple qui jouit, ne songe qu'à la révolte, qu'à l'emploi de la force et de la violence.

Que voulez-vous qu'il espère, du moment que vous leur enseignez *que la vie terrestre est le seul et unique bien auquel il doit prétendre* et que cette vie terrestre n'est pour lui que misère, souffrance et désespérance ?

Ne sait-il pas que *les privilégiés ne consentiront* pas plus à se *dépouiller*, de bonne volonté, qu'ils ne sont disposés à *se laisser* dépouiller de force.

Pour que les hommes puissent parvenir à établir le règne de la fraternité tel que nos principes démocratiques en affirment la réalité, il faut que, par un *enseignement nouveau*, qui nous force à être logiques avec nos principes de liberté, d'égalité, de justice et de progrès, nous tirions la conséquence, que si nos principes sont vrais, la vie sur cette terre n'est qu'un passage, où chacun suit la destinée que la loi de justice naturelle lui a désigné ; où chacun peut par ses efforts, et son libre arbitre, acquérir un degré de supériorité, en suivant les séries des existences multiples que lui assure la pluralité des mondes, et que lui garantissent les principes de liberté, d'égalité, de justice et de progrès, considérés comme lois morales, et bases de l'ordre de la nature et de la vie universelle.

La démocratie *ne devient* une vérité, qu'à la condition d'envisager les principes de 89 comme absolus, et non comme *seulement relatifs* à l'ordre politique et social.

Toute la révolution se réduit à cette conception des principes, qui résout la question sociale : par la réciprocité.

Une société qui veut réellement forcer le bien à remplacer le mal, doit faire le bien en opposition au mal, sachant que nul ne peut se soustraire à la loi de justice élémentaire : la réciprocité, loi de justice, s'impose, à son jour, à son heure, sous une forme équivalente.

L'ignorance des lois suprêmes qui gouvernent l'ordre des destinées fait que les heureux de cette terre, en se *désintéressant* du sort des déshérités, font naître les éléments des révolutions sanglantes qui les menacent dans la conservation de leur bien-être, et les destinent à subir de terribles déceptions dans leur existence ultérieure.

Et comme *cette ignorance* des lois de justice naturelle est générale dans notre société actuelle, il s'ensuit que la morale humaine est tellement oblitérée, que ce n'est que par la violence et la guerre que la démocratie pourra établir la puissance des bienfaits qui naîtront de cette conception nouvelle des principes de 89.

L'homme étant sur cette terre la plus haute manifestation de la puissance intelligente de la nature, possède, par sa *double* constitution morale et physique, la liberté d'être et de devenir, c'est-à-dire l'immortalité, seule assise d'une morale positive capable de réaliser la question sociale. Car ce n'est qu'avec *l'immortalité seulement* que les principes de 89 deviennent *des vérités absolues*, et nous apparaissent comme lois intelligentes et morales sur lésquelles repose l'ordre de la nature entière, et par surcroît l'ordre politique et social.

Avec la *persistance du -moi*, il y a *liberté* absolue *d'être*, égalité de *devenir* et progrès *indéfini !*

Malgré l'ignorance générale de ces vérités démocratiques, la France, se sentant menacée, comprend qu'elle sera forcée d'avoir recours à là violence du mal, pour faire triompher le bien.

Pour cela, la démocratie sait-elle qu'elle est appelée à accepter le grand combat que médite l'Allemagne, dernier refuge de l'autorité absolue, espoir suprême et unique de toute la réaction européenne ?

Comme tous, nous désirons que la situation ait une issue : nous savons que nous devons, par la force des choses, aboutir à une conflagration prochaine.

La France, qui a l'intuition de sa destinée, a pressenti que le général Boulanger était l'homme désigné pour faire face à Bismarck.

L'un combattant pour la liberté et le relèvement de
lá France ; l'autre soutenant l'autocratie, et glorifiant
la force brutale.

Et si l'on se demande pourquoi le général Boulanger a acquis cette popularité spontanée, qui date
d'hier, et qui est aujourd'hui universelle, c'est que
nous avons tous pressenti que, dévoué à la France,
et serviteur de la démocratie, il était l'homme *de
la victoire* qui coopérerait à la solution de la révolution de 89.

VERA LUX.

www.ingramcontent.com/pod-product-compliance
Lightning Source LLC
Chambersburg PA
CBHW070823160726
PP18578800001B/6

AVIS.

Personne n'ignore le caractère de l'ex-roi, on sait au contraire que cet être stupide fut généralement faible et pourtant entêté. En proie de bonne heure à l'invasion des jésuites, qui exploitèrent largement sa conscience, il devint en peu de temps leur affidé, et plus tard leur Séide. Croyant tout faire à la plus grande gloire de Dieu, *ad majorem Dei gloriam*, on lui aurait fait piler nos cadavres avec un principe pareil. Il lui est resté d'une telle éducation une si grande crainte de l'enfer, que même dans nos dernières journées cet homme ne put trouver d'autres ressources pour sortir d'embarras, que celle de se jeter aux pieds d'un confesseur, et de lui faire un aveu général de ses fautes, espérant par là calmer la colère de Dieu, qui n'était pas du tout fâché, et ressaisir son trône à force de prières. Or cette confession, déjà un peu mutilée par les curieux, nous est tombée entre les mains, et nous reproduisons ce qui nous est resté d'un monument aussi extraordinaire.

Nous y avons joint les aveux de quelques membres de la famille royale, et des exécrables ministres dont l'ex-roi s'entoura. Ces dernières pièces, quoique moins authentiques, n'en seront pas pour cela moins intéressantes.

La Liberté reconquise, ou Histoire complète et détaillée de
la révolution de juillet 1830. Un vol. in-18, prix : 1 fr. 50 c.

PARIS. — IMPRIMERIE DE COSSON,
Rue Saint-Germain-des-Prés, n. 9.

CONFESSION GÉNÉRALE

DE

L'EX-ROI CHARLES X

ET DE SES MINISTRES.

La scène se passe dans la chapelle de Rambouillet. On voit au confessionnal un vénérable curé de campagne, appelé au château, sans savoir pourquoi. Bientôt entre un homme effaré la figure pâle, la bouche béante, les cheveux en désordre. Il est sans col; sa poitrine, découverte, montre les traces de nombreux cilices. Arrivé près du confessionnal, cet homme se précipite à genoux, se frappant la poitrine avec force, et criant comme un possédé : Mon père! mon père! j'ai beaucoup péché......

Ah ça! mon fils, dit le pasteur, entendons-nous. — Mon père, j'ai beaucoup péché! — Eh bien! je suis là pour vous consoler. Faites d'abord le signe de la croix, dites votre *confiteor*, après vous me direz les choses d'usage. Le pénitent récite le *confiteor* avec une volubilité et une émotion extraordinaires, puis le colloque suivant s'engage.

CONFESSION GÉNÉRALE DE CHARLES,

EX-ROI DE FRANCE.

Le curé. D'abord, brave homme, calmez-vous, et dites-moi qui vous êtes.

Charles. Je suis Charles X, roi de France et de Navarre, par la grâce de Dieu.

Le curé. Eh bien! mon fils, rappelez-vous ici que vous n'êtes plus qu'un homme, et dites tout ce que vous avez à dire.

Charles. J'ai beaucoup péché, mon père.

Le curé. Mais encore.

Charles. J'ai menti.

Le curé. Combien de fois ?

Charles. Ma foi, je pourrais bien dire à tout moment, sans crainte de me tromper ; mais je ne compterai que les jours où j'ai menti à mon peuple, et vous jugerez du reste après.

D'abord, en montant sur le trône, j'ai commencé à mentir, parce que lorsque j'ai juré la Charte, je mentais ; quand j'ai promis de m'occuper du bonheur des Français, je mentais ; quand je leur ai promis l'accroissement de leur liberté, je mentais ; je mentais quand je disais : Mon bon peuple, parce que je le regardais et le regarde encore comme le peuple le plus diable et le plus abominable que la terre ait jamais porté.

Le curé. Vous n'êtes pas ici pour médire, mais pour confesser vos fautes ; continuez.

Charles. Vous rappelez-vous le jour où je disais : Plus de hallebardes ?

Le curé. C'est le seul mot de vous que le peuple français ait retenu.

Charles. Eh bien ! ce jour-là je mentais comme un beau diable, car j'aurais voulu en être entouré.

Le curé. Mais vous avez commencé votre confession au moment où vous montiez sur le trône, et vous étiez déjà âgé à cette époque. Votre vie, j'ai oui dire, n'avait pas été exempte de reproches jusqu'alors. Vous avez eu une jeunesse orageuse.

Charles. Oh ! oui, mon père, très-orageuse.

Le curé. Dites tout ce que vous avez à dire.

Charles. Quoi ! tout !...

Le curé. Tout, sans restriction.

Charles. Je n'oserai jamais.

Le curé. Vous ne craignez donc pas ce grand Dieu qui sait tout ?

Charles. Oh ! si, plus que jamais. Eh bien ! c'est que j'en ai bien à dire.

Le curé. Vous avez été au Palais-Royal.

Charles. Oui, mon père, très-souvent.

Le curé. Et qu'y alliez-vous faire ?

Charles. J'allais satisfaire mes appétits gloutons.

Le curé. Souvent?

Charles. Tous les jours. J'avais des femmes comme un sultan : des brunes, des blondes, des grandes, des petites, tout m'était bon ; et puis, quel plaisir ! nous étions toujours une vingtaine de bons enfans : c'était à celui qui en ferait le plus. Aussi je puis vous certifier que jamais ma race ne périra : il n'y a pas un coin de Paris où je n'aie semé pour recueillir.

Le curé. Mon fils, vous vous oubliez.

Charles. C'est qu'alors c'était le bon temps, et ma foi on aime à se le rappeler.

Le curé. Rappelez-vous que vous êtes au tribunal de la pénitence.

Charles. Jour de Dieu ! c'est vrai. Malgré que je craigne Dieu et que je redoute l'enfer, mes anciens souvenirs m'assiégent. Que d'honnêtes familles ont été mes victimes ! Pour satisfaire un caprice, je faisais incarcérer père et mère, frères et sœurs. C'était si facile. Croyez-vous que Dieu, le bon Dieu me pardonnera ?

Le curé. N'avez-vous plus rien à dire ?

Charles. Je ne fais que commencer, mon père ! Ma vie n'est qu'une suite non interrompue de turpitudes et de bassesses.

Le curé. N'avez-vous pas été en Écosse ?

Charles. Si, mon père.

Le curé. N'y aviez-vous pas un cercle, une cour jésuitique ?

Charles. J'avais là mon bon cardinal, mon fidèle de Latil.

Le curé. Vous aviez une autre personne aussi ?

Charles. Madame de Palastron. Ah ! celle-ci était une maîtresse femme.

Le curé. Elle était votre maîtresse, vous voulez dire ?

Charles. Eh bien, oui ! c'est elle qui m'a trempé l'âme ; elle m'a rendu père plusieurs fois, et à chaque enfant qu'elle me donnait, elle me faisait jurer sur un poignard que, si jamais je devenais roi, je rétablirais les bons jésuites.

Le curé. Vous l'avez juré ?

Charles. Vous pouvez le demander à mon ami de Latil, il y était. Et même lorsque madame de Palastron fut sur le point de rendre le dernier soupir, je jurai aux autels que j'accomplirais ma promesse.

Le curé. Quand vous êtes monté sur le trône, succédant à votre frère, pourquoi n'avez-vous pas marché sur ses traces?

Charles. Mon frère Louis! c'était un hérétique, un huguenot qui est allé droit en enfer. J'avais tant de fautes à me faire pardonner, qu'il fallait bien me jeter dans les bras du bon Dieu, celui qui sauve tout le monde. Aussi, s'il faut que je vous le dise, quand j'apprenais qu'un homme était condamné à mort, j'avais le frisson, parce que je savais que j'avais mérité la corde.

Le curé. Vous sortez du sujet. Dites-moi pourquoi vous avez gardé si long-temps le ministère Villèle.

Charles. Parce que pour le moment je ne pouvais pas en avoir de meilleur. Je voulais sauver mon âme à toute force, et mon conseil de jésuite me disait toujours que je périrais dans les flammes de l'enfer si je n'extirpais pas le démon des âmes de tous les Français. Ce Villèle, c'est un coquin tout de même, car je n'ai jamais pu en faire ce que je voulais.

Le curé. Il en a cependant trop fait, puisqu'il a fait la guerre d'Espagne.

Charles. S'il eût écouté mon conseil, il aurait fait guillotiner tous les jacobins, jusqu'aux petits enfans, afin qu'il n'en poussât pas d'autres. La guerre d'Espagne a été une expédition ruineuse, mais je donnais de l'argent pour réussir.

Le curé. Dites ce que vous avez fait pendant que Villèle était à la tête des affaires.

Charles. J'ai bu, j'ai mangé, j'ai chassé, et puis j'ai bu, j'ai mangé et j'ai dormi.

Le curé. Et vos devoirs de souverain?

Charles. Je les ai bien négligés; et toutes les fois que j'ai voulu faire le roi, j'ai péché. C'est ainsi qu'en 1827 j'ai consenti à la loi d'indemnité, à celle du droit d'aînesse, malgré un grand nombre de personnes qui m'en détournaient. Je votai également pour la loi du sacrilége, et plus tard contre la liberté de la presse; mais comme il fallut rendre la liberté à cette mauvaise race d'imprimeurs, la loi sur la presse fut rapportée. En 1828 la garde nationale voulut me témoigner sa satisfaction en criant *à bas les ministres!* moi, qui n'étais pas fâché de profiter de la circonstance, je licenciai la garde nationale.

Je m'accuse en outre d'avoir pris'cette mesure avec intention, car sans elle nous n'aurions pas pu faire les mitraillades de la rue Saint-Denis. A cette époque, mon conseil, que je présidai, ordonna aux gens de la police de casser les vitres, de crier dans les rues, afin que l'on eût un motif de tirer sur le peuple.

Le curé. Mais cet acte était indigne d'un roi.

Charles. Que voulez-vous, j'avais besoin de sauver mon âme, et j'étais entouré d'un tas de monde qui ne demandait que plaies et bosses. Tout le monde en voulait, depuis l'archevêque jusqu'au bedeau. Je me rappelle en ce moment qu'en cas de coup de main j'avais fait armer tous les séminaires comme des places de guerre. A Montrouge ils manœuvraient déjà comme des soldats de la garde.

Le curé. Pourquoi, après le ministère Villèle, n'avez-vous pas gardé le ministère Martignac, en 1829?

Charles. Ce n'était guère possible. Les jésuites, à qui j'avais donné carte blanche, travaillaient comme des enragés à défaire ce ministère-là, et puis j'ai cru qu'ils étaient tous jacobins et qu'ils voulaient me perdre; c'est à cette époque que je fis entreprendre la guerre de Morée pour cacher mes projets. Pendant que l'on s'occupait de l'expédition, moi et mon conseil nous travaillions à avoir de bonnes élections et à nous défaire du ministère que nous appelions tous révolutionnaire.

Le curé. Vous aviez des militaires distingués faisant partie de l'ancienne armée, pourquoi les avez-vous laissés languir inutiles?

Charles. Des hommes sans loi ni foi, qui juraient le nom de Dieu comme ils donnaient un coup de sabre. Oh! je leur ai fait bien du mal à ceux-là; je m'en repens, je m'en repens; mais il le fallait pour me sauver. D'ailleurs, Bourmont était là, et il ne voulait pas entendre parler de ceux qu'il appelait les anciens troupiers; et Raguse disait qu'auprès d'eux il n'était pas à son aise.

Le curé. On prétend que vous avez pris les ordres, et que vous disiez la messe.

Charles. Dois-je tout dire?

Le curé. Vous êtes devant Dieu.

Charles. Eh bien! oui. Mais j'ai juré sur les autels que jamais je ne révélerais....

Le curé. Vous devez tout dire.

Charles. Eh bien! voilà comment la chose s'est passée. D'abord il faut que vous sachiez qu'en mon palais des Tuileries j'avais deux cours : la cour des militaires, et celle des capucins. L'une, composée de tout ce que j'avais de plus brillant dans ma noblesse, chamarrée d'or et de broderies, était très-dévote en apparence, mais pas du tout en effet. Elle me poussait, elle secondait les capucins, qui, de leur côté, ne négligeaient rien pour arriver à leur but. Il advint de cette tendance à tout rapporter à la religion qu'au commencement de 1830, on voulut que je fisse partie du clergé. Le jour de la cérémonie, on me fit prêter serment; je fus sacré évêque, et je reçus mon brevet de notre très-saint père le pape. Une fois prêtre, il fallait bien défendre les miens. J'avais beau trouver de jolis expédiens pour rendre mon coquin de peuple plus pieux, je ne pouvais en venir à bout; enfin, on me donna entre autres une recette ainsi composée:

La Charte brûlée,

Les députés de la gauche pendus,

Le peuple mitraillé,

Paris rasé,

Quatre cent mille baïonnettes étrangères en France:

Le tout pour le soutien du droit divin et de la religion catholique, apostolique et romaine.

J'approuvai fortement cette mesure; ceux qui l'avaient conseillée s'occupèrent de la mettre à exécution, et voilà comment nous sommes arrivés au ministère du 8 août, que je désirais depuis si long-temps!

Le curé. Dans quel but avez-vous établi cet exécrable ministère?

Charles. Pour la défense du droit divin.

Le curé. Ignorez-vous que Dieu voit en horreur tous les actes homicides? Inclinez votre front dans la poussière pour demander à ce Dieu pardon de toutes les horreurs commises sous votre règne. Le peuple est tout; et vous, vous n'avez été roi que par sa puissance; c'est encore par sa puissance que vous êtes déchu et malheureux. Soyez plus pénétré de votre position, et dites sincèrement toutes les abominations qui se sont continuées sous vos yeux.

Charles. Eh bien! dès que le ministère du 8 fut établi, tous mes séides se mirent en action. Les fonds publics furent détournés et cachés, afin d'en avoir au besoin. Tous les séminaires furent armés et exercés à combattre, les évêchés transformés en places de guerre. Tous les jours nous nous rassemblions dans les caves des Tuileries, et nous criions : Mort au peuple! gloire aux prêtres! et haine à la Charte! Avec ces belles dispositions, nous sommes arrivés à la dissolution de la chambre, espérant faire nommer des jésuites. Polignac me l'avait promis; Peyronnet avait enjoint à tous les employés du gouvernement de nommer des députés congréganistes; nous n'avons pas tout-à-fait réussi. Il a fallu renvoyer de nouveau les chambres, nous avons voulu tout faire à la fois, et nous n'avons rien obtenu. J'ai été trahi par ma garde, elle n'a fait que le quart de ce qu'elle devait faire. J'avais cependant fait distribuer du vin en abondance, de l'eau-de-vie, des cartouches, afin de faire de bons soldats. Cela n'a pas pu prendre, et me voilà réduit à implorer la miséricorde divine et l'absolution, si vous voulez bien me la donner.

Le curé. Etes-vous repentant de tout ce que vous avez fait?

Charles. Oh! si je pouvais reprendre le pouvoir!

Le curé. Vous êtes un malheureux.

Charles. Eh bien! je me repens, ou plutôt... Allons, oui, donnez-moi l'absolution, que je n'aille pas en enfer et que je ne tombe pas dans les mains des faubouriens. Dieu de Dieu, quels gaillards! en vingt-quatre heures me chasser moi et ma garde. Vite, donnez-moi l'absolution, je les entends, vite, vite... (L'indigne Charles ne peut entendre la réponse du confesseur, nos braves arrivaient. Le curé souriait de pitié : Charles, transi de peur, à moitié mort, était allé se blottir dans un trou dont on ne le tira que pour l'entraîner loin de cette France qu'il a arrosée de sang.)

AVEUX DU DUC D'ANGOULÊME,

PREUX ET FÉAL CHEVALIER MANQUÉ.

A la face de Dieu et des hommes, je déclare :

1° Que j'ai toujours désiré être roi absolu, et qu'à ces fins j'ai conseillé et agi de manière à ce qu'on muselât le plus tôt possible le peuple français, monstre à sept têtes,

)lus terribles que celles de l'hydre de Lerne, qui renais-
aient à mesure qu'on les abattait.

2° Que j'ai trempé dans la conspiration qui a privé de
a vie mon frère duc de Berri ; il était trop partisan des
ibertés et trop franc, il se serait toujours opposé à nos
)rojets.

3° J'ai toujours promis aide et protection à tous officiers les supérieurs ou inférieurs qui consentaient à être
les espions de l'armée ; c'est moi qui ai donné les ordres
pour mitrailler Paris. C'est moi qui ai fait délivrer les munitions de vin, d'eau-de-vie et de poudre ; c'est moi encore qui ai fait fusiller dans le parc de Saint-Cloud, le
30 juillet au soir, vingt-cinq imbéciles de la garde, qui
n'avaient pas voulu tirer sur la canaille.

Et j'affirme ici que je ne me repentirai jamais de ce
que j'ai fait, parce que j'ai agi dans l'intérêt de la couronne
et la gloire de mon nom.

AVEUX DE LA DUCHESSE D'ANGOULÊME.

Moi, duchesse d'Angoulême et dauphine, je déclare
que, depuis mon retour en France, je n'ai cessé d'avoir en
horreur le peuple français, et que j'ai fait tout ce qui a
dépendu de moi pour satisfaire ma haine. Ainsi, j'ai ap-
prouvé les massacres de la rue Saint-Denis, et ai encou-
ragé les conseillers de ces mesures.

Ainsi, j'ai envoyé dans tous les départemens des jésuites, chargés d'exploiter les consciences des hommes
en place, et de les menacer en cas de refus d'entrer dans
la congrégation.

Ainsi, j'ai appuyé de tout mon pouvoir les hommes du
8 août ; je les ai soutenus ; j'ai indiqué Mangin ; j'ai fait
nommer Peyronnet, mon plus zélé serviteur ; et si tous nos
projets eussent été dignement exécutés, il n'y aurait plus
de Paris en France.

FAMEUSE SÉANCE DU CONSEIL DES MINITRES

DE L'EX-ROI,

Tenue dans les caves des Tuileries, le 29 juillet, lors de l'attaque du Château; dans laquelle des révélations sont faites sur les atroces mesures prises par les ministres, du 8 août, et en général, sur tous ceux qui ont contribué à l'asservissement de la France.

———

Sont présens à la séance :
Polignac, ministre des affaires étrangères, président;
Peyronnet, ministre de l'intérieur, secrétaire ;
Mangin, préfet de police, rapporteur ;
Guernon-Ranville, ministre de l'instruction publique;
Montbel, ministre des finances,
Chantelauze, ministre de la justice ;
D'Haussez, ministre de la marine;
Capelle, ministre des travaux, ponts et chaussées;
Marmont, duc de Raguse, commandant de la force armée;
Franchet, conseiller d'état;
Delaveau, conseiller d'état, ex-préfet de police.
De Bourmont, ministre de la guerre, est absent.

Polignac, agitant sa sonnette. Messieurs, vous savez quelles sont les circonstances graves qui nous réunissent ici. Le peuple a levé la tête, il s'agit de l'abattre, et c'est, vous le savez, chose facile.

Tous, excepté Peyronnet et Mangin. Oh! oh !

Polignac. Oui, Messieurs, c'est facile.

Marmont. Pas trop, monsieur le président.

Peyronnet. Est-ce que M. le maréchal a peur ?

Mangin. Il y paraît.

Montbel. M. le maréchal a raison, le peuple est en insurrection, et....

Polignac. Allons, trembleur, si vous n'avez que de pareilles choses à dire, taisez-vous.

Peyronnet. Messieurs, comme l'a fort bien dit M. le président, nous sommes plus forts qu'il ne faut pour faire taire la canaille. Elle a pris l'Hôtel-de-Ville, et qu'importe? La garde n'avait plus de munitions.

D'Haussez. Dites qu'elle n'avait plus d'hommes.

Marmont. M. le ministre de la marine a raison, la garde a éprouvé des pertes considérables, et elle a été obligée de se replier cette nuit sur le Louvre, ne pouvant plus tenir sa position, où elle était entre deux feux.

Polignac. Il nous arrive du renfort, maréchal : toute l'artillerie vient de Vincennes ; les Suisses d'Orléans, les chasseurs, grenadiers et dragons de la garde ont reçu ordre de marcher sur Paris. D'ailleurs il m'arrive trente mille Espagnols.

Mangin. Eh mon Dieu ! quand les gendarmes auront dîné ils vont balayer tous ces braillards.

Marmont. On voit bien que M. le préfet de police ne s'est pas promené dans Paris.

Mangin. Ma foi, c'est votre affaire, monsieur le maréchal.

Polignac et Peyronnet. Sans doute, nous ne pouvons pas donner des plans et les exécuter.

D'Haussez. Mais, Messieurs, n'auriez-vous pu prendre des mesures plus prudentes ? Je sais que l'effervescence est à son comble, j'en ai eu de tristes preuves, et vous-même, prince Polignac, si vous eussiez été dans votre voiture...

Peyronnet. Brisons là Il faut couper les vivres à la ville de Paris. occuper les rives de la Seine, et aussitôt que la grosse artillerie sera arrivée, il faut se mettre à la besogne et tenir jusqu'à ce qu'on ne voie plus un bourgeois dans les rues.

(A ce moment quelques cris se font entendre ; la fusillade retentit dans le lointain et paraît se rapprocher.)

De Montbel. Entendez-vous ces cris ?

Polignac. C'est la canaille qui braille, et les Suisses qui tirent.

Delaveau sort. Rentrant bientôt avec un air effaré : Les Suisses, dit-il, battent en retraite.

Marmont. Est-il possible ?

D'Haussez. Ce n'est que trop vrai. J'aperçois des bataillons innombrables qui débouchent de toutes parts sur le Carrousel ; mais la garde les retient.

De Montbel. Eh bien ! Messieurs, voilà où nous ont menés vos bravades et vos forfanteries.

Polignac. Moi ! je n'ai pas fait de bravades.

Peyronnet. Je n'ai fait que ce que vous avez tous voulu comme moi.

Mangin. Il ne faut pas de suite abandonner la partie, c'est peut-être une fausse alerte.

Marmont. Taisez-vous, monsieur le préfet de police; c'est vous qui, par vos rapports, avez tout décidé.

Mangin. Moi ! des rapports. Demandez à M. de Chantelauze qui les a faits.

Chantelauze. Si j'ai fait un rapport, je n'ai pas conseillé les fusillades, ni les cours prévôtales, ni la mitraille.

Mangin. Moi, je n'ai pas été dire au roi qu'il pouvait frapper, que tout était prêt; j'ai seulement dit que, s'il fallait couper et trancher, je couperais et je trancherais. Pourquoi aussi M. Peyronnet a-t-il voulu que l'on envoyât à la guillotine les 221 ? Pourquoi M. Polignac voulait-il que, dans les vingt-quatre heures, tous les rédacteurs de journaux fussent condamnés et exécutés ?

Polignac. Et pourquoi M. Mangin nous promettait-il d'avoir sous les verroux, en moins de deux heures, les présidens de la cour royale, ainsi que les pairs de France libéraux. C'est lui qui nous a perdus.

Peyronnet. C'est plutôt vous, qui nous disiez que Charles X resterait au milieu de nous; c'est plutôt vous, qui lui avez conseillé de dissoudre les chambres, de rappeler les jésuites.

Polignac. Moi, je n'ai parlé qu'après vous; et j'espère que je n'ai pas fait distribuer dix francs à chaque gendarme, lors des troubles de la rue Saint-Denis.

Delavau. C'est moi qui, à cette époque, ait fait distribuer l'argent, et je m'en fais gloire.

Peyronnet. Vous êtes un bon enfant, monsieur Delavau. Eh bien ! moi, j'avoue franchement que j'ai travaillé à la loi d'amour, à la loi sur la presse, à la violation des élections, de concert avec mon ancien collègue de Villèle, qui était plus expert que moi; car Dieu sait combien de faux bulletins il a fait jeter dans l'urne.

D'Haussez. J'espère que, dans les dernières élections, monsieur de Peyronnet, si vous n'avez pas fait mettre de faux bulletins, c'est que vous n'avez pas pu; car je sais parfaitement que vous avez envoyé de Paris des régimens d'électeurs, et que M. de Polignac, en qualité de ministre de la guerre par interim, a ordonné aux officiers, sous peine de destitution, de nommer des 181. Rien que l'affaire de Montauban nous a coûté deux millions.

Polignac. Quant à moi, je m'en moque, je n'ai pas à me reprocher les incendies du Calvados et de la Picardie.

Mangin. L'honneur en est à M. de Peyronnet, qu'il le garde.

Peyronnet. J'avais l'ordre du roi, qui l'avait reçu de notre président.

Polignac. Ce n'est pas vrai, car c'est une invention de l'archevêque de Paris, qui l'avait communiquée à la duchesse d'Angoulême, qui elle-même l'a conseillée au roi.

Peyronnet. Allons, je vois bien que chacun ici a sa part, et que M. de Clermont-Tonnerre, qui n'est pas là, ne sera pas fâché que je lui dise que c'est lui qui nous a tous exposés, en conseillant les vigoureux coups de collier.

(Dans ce moment, la fusillade retentit de toutes parts, les Suisses entrent pêle-mêle dans les Tuileries, et fuyent du côté du jardin. Peyronnet saisit ses pistolets et veut faire face aux assaillans; mais s'apercevant qu'il est seul, et que ses collègues fuyent à toutes jambes, il profite d'une compagnie de la garde qui arrive, et se réfugie au milieu d'elle pour opérer sa retraite.)

Par un domestique du Château, témoin de la séance.

FIN.